Hasan Şafak

Die

offensichtliche

Dummheit

Sachliche und unsachliche Urteile

2022 Nürtingen

INHALT

VORWORT

Wenn wir einem Menschen gewaltfrei schaden wollen, so gibt es zuvorderst zweierlei Möglichkeiten:

1.	Das Urteil über das Offensichtliche: Aussehen, Herkunft, Hobbys, Kleidungsstil, etc. – kurzum, hypostasierte Interessen und Ideale, mit denen sich ein jeder identifiziert.

2.	Das Urteil über das Denkvermögen: Den Intellekt in Verruf bringend, sodass alle Urteile als unvernünftig und unfähig, somit geltungsunsicher gelten.

Ein Disput ist des Erkenntniswillens gedacht und hat das Ziel, die Unstimmigkeiten durch Argument und Gegenargument, zu erkenntnisreichen Schlüssen zu führen. Doch der Disput wird nicht immer der Sinnhaftigkeit willen geführt, in der Prämissen vorausgesetzt werden, nämlich Respekt, Anstand, Sachkenntnis, Objektivität usw. sondern, es fließen egozentrische Bestimmungen mit – und genau deshalb beginne ich mit der Absichtsreflexion, ob willentlich oder intuitiv, „schaden wollen", da diese Äußerungsart allzu häufig im Alltag, in allerlei profanen Konversationen vorzufinden ist; Rechtbehalten in den Grundwerten – darum sind die meisten Menschen bemüht, da eben die Grundideen und Maxime das Eigenideal, somit auch die Persönlichkeit reflektieren. Wer die Persönlichkeit statt der Gebilde und ideellen Anlagen angreift, will es sich leichtmachen, indem er das Urteil dem Urteilenden entzieht.

Wenn man die eristische Dialektik Schopenhauers vorbedenkt, dann wird allmöglicher Disput um die eigentliche Absicht entschleiert: Das Rechthaben und das Obsiegen über den Kontrahenten. Alles Augenscheinliche, das heißt, all das, was mit der bloßen Sicht und Prüfung wahrnehmbar ist, wird verurteilt – dieser Methodik bedarf es weder der Mühe noch der Geisteskraft; die Vorurteile und abgleichbaren Differenzen sind bereits hinlänglich, um das Aburteilen zu gewährleisten. Statt Sachlichkeit folgt die Unsachlichkeit – also das persönlich-Werden. Das Denkvermögen zu verurteilen ist jedoch etwas schwieriger; dessen folgerichtiger Abschluss bedarf der Fassungskraft, der denkerwirkten Urteile, die durch Talente, Abgebrühtheit, Wissen und Selbstbewusstsein gradierend faktorisiert werden – doch genau hier beginnt das eigentliche Problem der Unsachlichkeit: Tendenziöse Urteile des Obsiegens willen – der Kontrahent muss möglichst dumm, unreflektiert und wertlos dargestellt werden, damit alle Urteile egalisiert werden können. Doch in meiner Gegenwartszeit – womöglich sogar über alle Zeiten – ist die Unsachlichkeit im Urteilen eine Regelerscheinung; erst Recht durch die Umstände bedingt, wird, hauptsächlich im Internet, nur mit Floskeln und Vorurteilen gearbeitet, sodass bereits das sachlichste und vernünftigste Urteil zielgerichtet im Keim erstickt wird. Dies ist mittlerweile eine Gewohnheit, oder auch eine Garantie, um über den Kontrahenten obsiegen zu können. Während der Antagonist bereits in den Anfängen des defizitären Gezänkes (Disput kann man es ja nicht nennen) um das schnelle Übertrumpfen bemüht ist, wird der Antagonist als „dumm, hässlich, unwert etc." abgestempelt, damit die folgenden Urteile bereits affiziert und entkräftet werden und der Nachdruck den Zweck erfüllen soll, nämlich die Beeinträchtigung der Folgeurteile. Die Dummheit eines Menschen liegt nicht in seiner Unwissenheit – jeder Mensch macht die Phase der Unwissenheit durch und aller Anfang ist die Unwissenheit.

Die Dummheit eines Menschen kann nur an seinen Urteilen
festgestellt werden, da es die Urteile sind, die das Denkvermögen reflektieren; nicht einmal die Fassungskraft, denn die
Fassungskraft ist nur perzeptiv, das heißt, dass sie das Wahr-
genommene „nur" aufnimmt, jedoch zunächst das Aufge-
nommene nicht verarbeitet wird; im weiteren Verlauf, ge-
nannt Apperzeption, ist der Prozess des Denkens, als Methodik zu verstehen, richtungsentscheidend. Das Denken ist nur
der Zwischenprozess, welches im Denkurteil kulminiert. Er-
kenntnis durch Abgleich: Sehen wir uns die Wirkungsunter-
schiede zwischen der sachlichen und unsachlichen Denkre-
flexionen an.

Hasan Şafak

Die Sachlichkeit

Intelligente Menschen haben die Fähigkeit, die Welt durch andere Augen zu erblicken und Einzelheiten von der Ganzheit isoliert und andersrum das Ganze als Sonderstellung zu betrachten; sie versetzen sich in die Lage Anderer, vergessen sich, denken vom Bezug des Selbst im umgekehrten Verhältnis zum Bezug auf das Selbst; sie versetzen sich in die Lage ihrer Eltern, Großeltern, Vorgesetzten, Kinder, Mitmenschen usw. und können zumindest ein breiteres Perspektivenverständnis generieren, welches für sie von unermesslichem Vorteil ist, da sie das Leben besser begreifen und im entscheidenden Moment in allen Fragen des Lebens allmögliche Register ziehen können. Das Kausalprinzip berechnen sie ständig: Ursache und Wirkung werden im direkten Verhältnis auf einen zu abhandelnden Gegenstand bezogen; die wahren Genies (und ich hatte bisher nicht das Glück, dass ich mit solch einer inkommensurablen Persönlichkeit die Ehre des Kennenlernens hatte (in Ferne, hoffentlich), sondern kenne sie nur aus den alten Philosophenwerken) haben die besondere Gabe, das Kausalprinzip zu bedenken, die Wirkungen abgesondert zu betrachten, die Ursachen abgesondert zu betrachten, die Zwischenbestimmung (Prozess) von diesen äußeren Punkten abgesondert zu betrachten (Mediation), das Ganze als Einheit zu betrachten, die Wirkung als Verkettung einer neuen Ursache zu betrachten, die vorausgehende Ursache als Verkettung einer Wirkung zu betrachten – all dies subordiniert zum Kausalnexus führend*, haben diese Genies eine besondere Denkfülle, wodurch die apriorische Gewandtheit die höchstgradierten Vernunfturteile ermöglicht. Der Introspektion und Selbstkritik sind sie bemächtigt, all diese Besonderheiten (und vieles mehr) und Ausnahmeerscheinungen sind auch die Gründe für das Entstehen der größten Denker aller Zeiten, die in der Geschichte verewigt wurden. Doch um Genies dreht sich dieses Werk nicht, sondern um Kleingeister, die nicht einmal des Grunddenkens befähigt sind, die ein viehgleiches Dasein fristen; blindlings ihren Sinnenfreuden und Begierden nachjagend... Auch der Umgang der Intelligenten mit ihren Mitmenschen wird umgänglicher, zumindest billigender; doch hier muss man erwähnen, dass dieser „billigende Umgang" durch die Vermeidung ausgedrückt wird; denn, wie will man einen unempfänglichen Menschen belehren oder gar umstimmen? – Dies liegt außerhalb der Befähigungsmöglichkeiten. Doch wenn zwei derselben Geistesgabe Befähigten aufeinandertreffen, dann werden die Inhalte des Disputs fruchtbar sein. Der Sinn der Dialektik ist nicht nur, dass man Abstraktionen behandelt, sondern auch die Sachlichkeit beibehält, sodass nur die Thematik ausgeschlachtet wird; wie will man sonst eine Antithese erbringen, wenn sie nicht auf das behandelte Stück angewandt wird? Wenn sich aber zum Nachteil des Intelligenten der Mindergeistige in das Streitgespräch beimischt, so ist das geistige Niveau herabgesetzt und die Nivellierung wird dem Bevorzugten zur Pflicht und gleichzeitig zur Last; denn es ist der Tüchtige, der sich an das Untermaß anpassen muss – dies ist das Unrecht an der Tüchtigkeit selbst.

Intelligente Menschen schließen die Unsachlichkeit aus, das heißt, dass sie unnütze Informationen ausschließen, besser gesagt unpersönlich werden. Sie wissen, dass Theorie und Praxis zwei Paar Schuhe sind, und das menschliche Mängel und der Hang zur Fehler- und Lasterhaftigkeit unvermeidliche Realitätsbestimmungen sind; sie nehmen den Gegenstand des Disputs und schlachten dies aus. Kein Thema wird ihnen zu schwer und fern sein, alles werden sie mit ihrer vernunftwürdigen Methode in seine Einzelheiten zerlegen und erneut in seine Ursprünge führen. Was zwischen den Kontrahenten der besonderen Geistesgabe herrscht, ist der durchgehende Respekt, der Wille zur Weisheit, die Ernsthaftigkeit, die Entfaltung des ausgeprägten Gedächtnisses, die Potenzierung, die Freude auf einen ebenbürtigen Gegner, die Freude auf einen Gleichgesinnten, das Wissen um die Wertbarkeit des Zeitaufwandes, die Freude des nicht-verstellen-Müssens, die Freude des verstanden-Werdens, der Reiz des ertragreichen übertrumpfen-Wollens über den würdigen Gegner usw. – und den Dummen bleibt in

Relation nur das fruchtlose und zeitverschwenderische persönlich-Werden und gegenseitige Beleidigen übrig… Schändlich und
der Vernunft unwürdig!

Selten habe ich in meinem Leben Menschen von solcherart ausgeprägten Selbststärken gesehen, und die, welche ich sah, habe ich
heute noch im Gedächtnis; über mehrere Tage habe ich Diskussionen mit Fremden geführt, langatmig, fordernd und innovativ,
ohne dabei persönlich zu werden! These-Antithese, These-Antithese, Wiederlegung und Hinterfragung – und nochmals These
und Antithese… Mit jedem Einwurf wurde die Thematik wieder
und wieder belebt; in einem einzigen Text waren so viele Wertin-
halte, wie für fünf weitere Texte; und wie mühselig dieses Unter-
fangen auch sein mag, es ist ergötzend! – Eben, aus dem Grund-
prinzip der Rarität, dass sich diese Arten von Ausnahmetalenten
nicht im Alltag vorfinden lassen, indem die Herdenmenschen nur
noch reagieren statt zu agieren, vor-urteilen statt selbst zu denken. Egal welche Berufe sie ausüben, welchen Hobbys sie nachge-
hen, die Denkqualität wird nicht durch sie reflektiert; denn sie verstehen diese Berufe und Hobbys nur als Pflicht, nicht als Selbstbe-
strebung – die wahren Denker findet man nicht in der Alltagsregel,
in der Herde erst recht nicht. Der Mensch besteht aus Geist und
Körper und kulminiert im dritten, dem Bewusstsein, demnach ist
die Bildung der Synthese dieser dualistischen Bestimmung das Fa-
tum eines jeden Menschen. Doch die minderbeschenkten Geister
setzen das Übergewicht meist oft nur auf das Körperliche: Schönheit und Körperformung rauben alle Konzentration und Zeit, und
das nur, um das Geltungsbedürfnis befriedigen zu können – dies
kann man hauptsächlich bei den Frauen betrachten. Es geht sogar
so weit, dass die Oberflächlichkeit die ganze Persönlichkeit aus-
macht und ihren Wert bildet, und auch hier sind es überwiegend
Frauen, die zu Sklaven ihres Körpers werden, weil sie ganz genau
wissen, dass sie ohne Schönheit und den Vorzügen des weiblichen
Geschlechts keine Aufmerksamkeit bekommen werden. Doch die
Zeit, die übermäßig auf das Kokettieren investiert wird, fehlt am
Ende bei der Geistesbildung; denn der Körper kann ohne weitere

Mühe durch andere Menschen geformt und aufgewertet werden, doch die essenzielle Geistesförderung erfolgt nur durch das Individuum selbst.

Ich könnte jederzeit ins Internet gehen und augenblicklich sehen, dass unter einem Thema, welches auch sein mag, die Menschen sich gegenseitig beleidigen und mit einfallsreichen, doch meist identischen Sprüchen niedermachen. Sachlichkeit – die ist mittlerweile wünschenswert; der Affront ist fast schon vorprogrammiert... Das ist eben auf die Dummheit der Menschen zurückzuführen. Wenn ich offensichtlich sage, so meine ich eben die objektivierte und reflektierte Dummheit, welche als Urteil, in diesem Fall bspw. ein Kommentar auf Facebook oder Instagram, wirkt. Im Internet gibt es nur Verbote, doch keine Gebote und Gesittungsregeln; demnach kann jeder schreiben, was er will, wie er will und wo er will – soweit, dass sie sogar Fakeprofile aufmachen, nur um Andere, ohne Konsequenzen befürchten zu müssen, beleidigen zu können; oder schlimmer noch, um ihre wahren Gedanken, die sie in der Realität verschweigen und verstecken, loswerden zu können. Das Internet ist wahrlich eine Erhebung, wenn wir bedenken, dass man in Vorzeiten mühselig ganze Bücher lesen musste, um an ausgewähltes Wissen zu gelangen, und heute ermöglicht das Internet die fokussierte Suche: Wie gewünscht, so abrupt serviert. Doch all das wird fortan als Selbstverständlichkeit begriffen und deshalb auch entwertet. Trotz dieser Bildungsmöglichkeiten sind die Menschen der Dummheit verfallen... Doch auch dies ist im Grunde nicht wunderlich, schließlich ist der Mensch immer noch derselbe Mensch und unterliegt seinen Trieben und Neigungen. Der Mensch passt sich nicht dem Technischen an, sondern passt das Technische an sich an. So war das schon immer. Die Technik ist nur eine Funktionserweiterung der menschlichen Seinsbestimmungen – die Technik erfindet nichts wesentlich-Neues.

Wenn meine Leser mit Menschen ein Gespräch führen oder ein Thema behandeln, dann sollen sie mal genauer hinschauen, ob der Kontrahent persönlich wird, das Wort „Ich" als Erfahrungsquelle zu einem Urteil nutzt, oder sich antipodisch einfach nur eigennützig, selbstverherrlichend oder verschmähend verhält. Das Wort „Ich" muss Erfahrungen wiedergeben können, die dem zu behandelnden Thema Werte beimessen; doch die Kleingeister benutzen das Wort „Ich", weil sie die Welt nur durch ihre eigenen Augen erblicken und nichts als sich selbst wahrnehmen können, und deshalb auch alles abstoßen, was ihnen nicht gleichkommt. Das Wort „Du" darf in einem Disput niemals vorkommen, doch ist dieser Fall garantiert, wenn man mit unsachlichen Menschen diskutiert... Man ist gezwungen, sich an die untüchtige Art anzupassen und das Niveau herabzusetzen. Die Art und Weise des Ausdrucks deutet auf die Charakterzüge und die Denkfähigkeit des Urteilenden hin. Subjektbestimmungen können und müssen objektiviert werden, ansonsten werden sie rein-formell behandelt und demnach aller Wertung beraubt sein. Mit Einzelheiten kann man keine Allgemeinheit begründen, doch mit der Allgemeinheit immer die Einzelheit; denn das „Viele" ist die Tendenz der Gesetze, und Gesetze sind üblich in der sich-wiederholenden Natur zu finden.

Sachlichkeit bedeutet nämlich, dass nur die Thematik angegangen wird und nicht das Persönliche, das im Grunde nur langweilig und trivial ist. Sachliche Menschen sind eine Bereicherung, denn ihr respektvoller Umgang wird sogar in der Belehrung und Berichtigung nicht als Beleidigung empfunden. Sachliche Menschen finden auch keinen Grund, um bei der Widerlegung einer These nachzutreten, denn für gewöhnlich ist im Disput der Obsiegende herablassend – dies machen eben die Kleingeister, die die Person angreifen, statt sachbezogen zu urteilen. Wenn ich im Internet längere Diskussionen geführt habe, die im Verlauf Ich-Du-bezogen wurden, so habe ich meine verfassten Kommentare gelöscht, weil ich ganz genau weiß, dass diese Beleidigungen um das Drumherum sich vervielfältigen werden. Und es ist Fakt, dass wenn man sich bspw. einem Eskimo kulturkritisch nähert, nur um ihn übertrumpfen, verletzen oder zur Resignation zwingen zu können, man dadurch auch weitere Menschen des zugehörigen Kulturkreises indirekt beleidigt – und gerade deshalb ist die Vermeidung solcher Kleingeister, die nichts können außer die Person anzugreifen statt der Denkurteile, von höchster Wichtigkeit. Zu guter Letzt gebe ich euch ein konkretes Beispiel der Unsachlichkeit, damit ihr versteht, was genau ich mit der Unsachlichkeit meine: Ich hatte einmal im Internet zum Thema „Frauen und Kinderbekommen" etwas kritisch kommentiert, und auf meinen Kommentar, also Urteil, antwortete eine ältere Frau: „Du hast bestimmt 8 Kinder und lebst vom Kindergeld" – ich antwortete ihr mit: „Nur Kleingeister werden persönlich", sie empfand hiernach keine Scheu, stattdessen setzte sie weitere Unterstellungen und Lügen; dieser sinnlosen und Thema-verfehlten Streitigkeit gesellten sich auch Andere bei. Ich habe weder 8 Kinder noch beziehe ich Kindergeld – mit dieser Übertreibung wollen sie im Grunde mich zur Lächerlichkeit bestimmen, damit meine Denkurteile keine Gewichtigkeit besitzen. Das Gleiche machen sie auch mit den Staatsführern: Wenn die Staatsoberhäupter lächerlich dargestellt werden, so glauben sie, dass sie das Selbstbewusstsein, das Ansehen und somit ihren Einfluss begraben könnten – beseht's genau: Spott kann die Stärke nicht beseitigen, oder können die Hemme über Putin ihn in irgendeiner Weise umstimmen, sodass er von der Ukraine-Intervention absieht? – Die Entschiedenheit und die Kraft sind keine stumpfen Worte, dies begreifen diese schwächlichen, indolenten und selbstgefälligen Naturen nicht. Die Intension ist leicht zu ersehen. Das Problem ist nicht der Einzelne, der diese dümmliche Art entäußert, sondern, dass sich die Mehrheit auf diese Art und Weise verständigt. Manche Menschen sind aber auch nur kindisch und sind der Ernsthaftigkeit fremd, manche unterliegen der Sarkasmus-Krankheit. In der heutigen Zeit, in der man seine Kinder nicht mehr nötigen darf und sie zur Unzucht oder Widernatürlichkeit billigt, ist es auch kein Wunder, dass das Volk vor Dummheit strotzt. Wer wird denn im heutigen Kuschelkurs noch gefordert? – Überall

Schutzmaßnahmen, überall wird Rassismus oder Diskriminierung gewittert; die Menschen sind verweichlicht und fragil, die Männer schutzbedürftig und wehrlos, die Frauen entartet und zügellos, die Kinder geschlechtslos oder an Kultur und Erziehung mangelnd; wie stark sein, ohne Not? Nur wie leicht und schnell etwas zu ergattern ist, ist für die Herdenmenschen von Wichtigkeit. Und selbst das schöpferische deutsche Volk ist nicht von der Dummheit verschont: Im Jahre 2021 und 2022 setzen sie die Abartigkeit zur Quintessenz des Gesellschaftsbewusstseins; allmögliche Kritik, so sachlich sie auch sein mag, wird um bestimmte Thematiken von vornherein abgelehnt und sogar bestraft. Die Herde braucht eben einen gemeinsamen Zweck, wodurch sie sich als einheitlich begreifen und identifizieren kann.

*

...Wirkung <> $\left\{ \text{Ursache – Wirkung} \right\}$ <> Ursache...

Die Unsachlichkeit

„Nur Kleingeister werden persönlich" – ich muss gestehen, dass dies bedauerlicher Weise eines der meistbenutzen Sätze von mir in der letzten Zeit ist. Um diese Wegweisung vermeiden zu können, müsste ich mich aller Streitigkeit ausnehmen, doch das hieße, dass man den Dummen und Halbwissenden die Regie überlassen müsste; dies macht man bereits im System, das sich Demokratie nennt. Die Anwendung dieses Satzes erfolgt fast ausschließlich nur in Internetforen oder in sozialen Netzwerken und die Ursache hierzu ist auch leicht erklärt: Im reellen Leben stehen sich Persönlichkeiten entgegen, die zum ersten die belebte Sitte, welche wir u. a. als Anstand, Respekt und Formalität im Umgang verstehen, erzwingt, und zum anderen bringt die direkte Konfrontation auch eine Gefahrmöglichkeit mit sich, da im Falle einer Respektlosigkeit der Schuldige mit gewaltverinnerlichten Konsequenzen rechnen kann bzw. dies nicht ausschließbar ist. Im Internet jedoch herrscht die Unpersönlichkeit: Wildfremde Menschen können sich in allerlei Diskussionen und Gesprächsinhalte involvieren, dabei wird zunächst nur die ostensivierte Ansicht bemerkt. Bevor man etwas um die Person erfährt, wird das Urteil, also in diesem Fall der Kommentar, wahrgenommen – und entsprechend wird reagiert; im weiteren Verlauf wird das Profil des Kommentators analysiert, sofern der subalterne Kritiker dies beherzigt. Im Internet hebt sich eben der Persönlichkeitsbezug auf, so kommt es, dass ein kleines Kind einen älteren Menschen beleidigen kann, wo doch im reellen Leben dieses kleine Kind dem Älteren mit aller Gewissheit Respekt zollen würde. Es sind mehr die Distanz und die Sicherheit, die das leichtfertige Aburteilen ermöglichen; von Angesicht zu Angesicht wahrt sich jeder.

Aber warum werden die Menschen persönlich, statt sachlich zu reagieren? – Es sind schlicht und ergreifend die Unzulänglichkeit, Primitivität, die Mängel an Bewusstsein und Fähigkeiten. Wer tüchtig genug ist, zu was es auch sein mag, wird die Tüchtigkeit sprechen lassen. Eine Tüchtigkeit ist zwar als ausgereifte Fähigkeit zu verstehen, in Wahrheit ist sie aber das abschließen-Können; die Fähigkeiten müssen ein bezwecktes Resultat herbeiführen können, denn eine Tüchtigkeit, die nicht zum Abschluss führt, kann man als Potenzialität verstehen, und wir wissen, dass Potenziale zwar die Vorboten der Größe, jedoch nicht alleinig entscheidungswirkend sind. Wenn ich ein Urteil widerlegen kann, so mache ich dies; wenn ich ein Urteil nicht widerlegen kann, so muss ich mir anderweitige Lösungen erdenken (Ironie, dass man die Abwegigkeit „erdenken" muss). Die gewöhnlichen Geister bedienen sich dieser Einfachheit, und das, indem sie schlicht und ergreifend persönlich werden oder beleidigen: Sie umgehen das Urteil und konzentrieren sich auf den Urteilenden. Einfache Beispiele, die ich selbst erfahren oder gelesen habe, welche durch Person B ausgedrückt werden. Person C antwortet sachlich und textbezogen, hierin zwar generisch, jedoch vermöge der Vernunft, wie es sein sollte:

Person A:

> Frauen sind dazu bestimmt,
> Kinder zu machen; dies wirkt
> sich durch ihre Naturanlagen
> und ihre Naturtriebe aus, welche
> sie umgehen können, jedoch
> nicht abschaffen.

Person B:

> Du bist ein Frauenfeind! Wir
> leben nicht mehr im Mittelalter,
> deine Ansichten sind überholt.
> Das Mittelalter lässt grüßen.
> Wenn es dir hier nicht passt, so
> wandere aus. Du musst dich
> anpassen. Ab mit dir nach
> Afghanistan. Du hast Angst vor

Frauen. Die Frauen in deiner
Familie tun mir leid. Du hast
keine Liebe erfahren, deshalb
bist du so. Du bist ein Incel. Das
ist der dümmste Kommentar,
den ich jemals gelesen habe.
Usw.

Person C:

Mag sein, dass die Naturanlagen
und die Triebe die Frauen zum
Kinderbekommen zwingen,
doch es gibt Mittel und Wege,
um diese Naturbestimmungen
zu umgehen; und wenn die
Kinderlosigkeit der Gesellschaft
Vorteile bringt und die Lebens-
qualität erhöht, dann ist es
durchaus sinnvoll, kinderlos zu
sein, als willkürlich Kinder auf die
Welt zu bringen und sie somit der
Armut auszusetzen.

Person A:

Auf Gott ist zu vertrauen. Ich
glaube an Gott und nicht an
Zufälle. Der Zufall kann weder
organisieren noch Geist zusetzen.

Person B:

Und ich glaube an das Spaghetti-
Monster. Gott ist erfunden. Gott
ist tot. Die Wissenschaft ist
wichtiger. Das Universum ist
unendlich und der Mensch steht
nicht im Mittelpunkt des Schaffens.
Wenn es Gott gibt, warum dann all das

Leid auf der Erde?
Usw.

Person C:

Die Lehren der irdischen Religio-
nen sagen mir nicht zu,
und ich bin materialistisch
gestimmt. Die Beweisführungen
zur Gottesexistenz überzeugen
mich nicht.

Person A:

Ich glaube nicht an die Existenz
Gottes, denn das Leben kommt
mir sinnlos vor, und ich kann mir
den höheren Sinn des Lebens
nicht erklären.

Person B:

Du kommst in die Hölle! Wenn
das Leben keinen Sinn ergibt,
dann bring dich doch um. Das
darfst du nicht sagen, du musst
Respekt zeigen. Das ist Diskriminierung. Du hast eine
(Religionszugehörigkeit)-Phobie.
Wenn du stirbst, dann wirst du
schon sehen. Usw.

Person C:

Wenn doch das Leben keinen
Sinn ergibt, weshalb existiert der
Begriff des Sinns? Wir Menschen
können doch selbst entscheiden,
was sinnig ist und können dies
auch selbst erfahren.
Sinnlosigkeit hebt alle Werte
auf, und es ist Fakt, dass jeder
Mensch Werte nachvollzieht

und bezweckt, wie etwa die der Tier-
liebe, des sozialen Umgangs, des
Schaffungsvermögens usw. –
wenn der Mensch dazu befähigt ist,
einen Sinn zu ermöglichen, so
muss es doch auch einen Schöp-
fer geben, der die Sinnhaftigkeit
überhaupt zu lässt.

Person A:

Der FC Bayern hat gestern 4-0
gegen Real Madrid verloren und
ist aus dem Turnier ausgeschie-
den. Schlechte Spielweise und
schlechte Taktiken des Trainers.

Person B:

Dein Verein hat 6 Tore von dem
und dem kassiert. Wer hat die
meisten Pokale in der Liga? Wir
sind immer noch besser als ihr.
Ihr seid nicht einmal in der
Champions-League, also sei
leise. Ihr werdet niemals so gut
wie Bayern sein. Dein Verein ist
pleite. Usw.

Person C:

Ich habe das Spiel auch gesehen,
Real Madrid war gestern
unbezwingbar; der Freistoß
beim zweiten Tor war gekonnt.
Jetzt heißt es: Auf die Liga
konzentrieren.

Person A:

Alles wird teurer. In anderen
Ländern sind das Gas und die

Lebensmittel billiger, wieso ist es
bei uns so kostspielig geworden?

Person B:

Dann geh doch, wenn es dir
nicht passt. Ab mit dir in den
Flieger und tschüss! Du bist gei-
zig.

Person C:

Ist nun mal so: Der Wohlstand
währt nicht ewig. Die Umstände
wirken sich auf die Preise aus;
wenn sich die Lage bessert, so
werden sich auch die Preise in
ihren alten Stand einfinden.
Bedürfnisse sind wechselhaft,
Wirtschaft ist inkonstant.

Person A:

Ich habe das Buch „Die Meta-
physik der Sitten" von Immanuel
Kant gelesen und danach „Das ku-
banische Tagebuch" von Che Guevara.

Person B:

Kant? – Ein Rassist! Er hat ein
Buch mit dem Namen „Alle Ne-
ger stinken" geschrieben (welches sie natürlich niemals gelesen haben). Kant war ein
Frauenfeind! Che Guevara ist ein
Mörder! Diese Lehren sind über-
holt und gelten heute nicht
mehr. Linke Hirngespinste! Kom-
munismus? – Nein, danke. Usw.

Person C:

Interessant. Und was steht in
diesen Büchern?

Person A: Ich finde es nicht richtig, dass die
               Homosexualität öffentlich
               propagiert wird; denn die ist
               nichts für Kinderaugen – sie
               könnte sie verwirren und zum
               Selbstkonflikt verleiten.

Person B: Du bist ein Homophob. Du bist
               ein Transphob. Du lebst noch in
               den 50ern. Du bist selbst schwul
               und versteckst dies nur. Du bist
               Chauvinist. Du bist menschen-
               feindlich. Es gibt nicht nur
               Schwarz und Weiß. Jeder kann
               das sein, was er sein möchte.
               Das geht dich nichts an, pass
               dich gefälligst uns an. Liebe ist
               Liebe. Homosexualität war
               schon immer natürlich, im Tier-
               reich gibt es das auch. Usw.

Person C: Wir sollten ihnen auch das Recht
               zur öffentlichen Präsenz geben.
               Es stimmt schon, dass diese
               Sachen nichts für Kinderaugen
               sind, da gebe ich dir Recht, doch
               sie schaden niemandem und
               zwingen niemanden, sich ihnen
               anzuschließen.

Person A: Ich finde, dass Veganismus sinnlos, zu-
               mal die Natur grausam und die Nah-
               rungskette ein Teil dieser ist. Wenn
               Tiere sich gegenseitig auffressen, wa-

rum dann nicht wir auch sie? Der Magen verträgt Fleisch. Ohne Fleischkonsum und Verwertung der essbaren Eigenschaften hätte sich die Gesellschaft niemals fortschrittlich erweisen können. Wie will man so viele Menschen ernähren, allein durch Veganismus?

Person B:

Du bist ein Tiermörder. Soll man dich auch in den Ofen schieben? Soll man dich auch aufessen? In der menschlichen Natur gibt es nur Pflanzenfresser. Du lebst im Mittelalter. Fleischesser sind Egoisten. Tiere haben ein Recht zu leben (Rechte gibt es in der Natur nicht, das sind moralische Setzungen, von denen das Tier nichts weiß) Usw.

Person C:

In der heutigen Fülle kann man vielleicht auf den Verzehr von Fleisch verzichten. Es gibt vielerlei Fleischalternativen, demnach kann man sich zumindest im Fleischkonsum mäßigen.

Person A:

Ich finde dies und das aus diesen und jenen Gründen nicht richtig.

Person B:

(Klassiker) Deine Glatze glänzt, lass dir mal Haare implantieren. Du bist fett, du solltest lieber abnehmen.
Da wo du herkommst ist die Kin-

derehe normal. Du bist dumm.
Was stimmt mit dir nicht? Was
musst du kompensieren? Das
musst du akzeptieren! Das geht
dich nichts an. Du verstößt gerade gegen das Grundgesetz.
Dann geh doch, wenn es dir
nicht passt. Dann komm doch
her, warum bist du dann dort?
Keine richtige Erziehung erfahren. Usw.

Person C:

Wirkungen haben einen
Nutzen und gleichfalls Nachteile,
die Ursachen sind zu ergründen.
Jede Ursache hat seine perspek-
tivische Begründung und Be-
rechtigung. Ich stimme dir zu,
aus diesen und jenen Gründen;
ich stimme dir nicht zu, aus
diesen und jenen Gründen.

Wie wir an diesen grundverschiedenen Themen vernehmen können, ist der Unterschied zwischen Sachlichkeit und Unsachlichkeit
in der Reaktionsart wiedergegeben. Person A wirft eine begrün-
dete These oder Meinung über etwas in den Raum, Person B greift
nur die Person an, indem sie auf alles, was sie sieht und finden
kann, bezugnimmt, statt auf das Urteil selbst. Person C geht auf
das Urteil ein, stimmt zu, enthält sich oder lehnt ab – durch Ver-
nunftgründe. Person B spricht nur verallgemeinert, sodass jeder
Einwurf gleichermaßen für Andere und alles Mögliche an Themen
geeignet sein kann, da eben das Konkretum nicht bedient wird.

Des weiteren offenbart Person B ihre Vorurteile und niederträchtigen Ansichten aus dem Alltag. Person B bedarf keiner Geisteskraft, denn ihr Auge ist der Richter, nicht ihr Verstand. Person B bedarf der Mitstreiter und Unterstützer, um ihre tendenziösen Meinungen zu berichtigen – Person C wiederum ist vernünftig gestimmt und nutzt Verstand statt Auge. Person B muss bspw. die Profile in den sozialen Netzwerken durchforsten, um an Kritikpunkte zu gelangen: Aussehen und Interessen sind die ersten und letzten Dinge, woran sich solche bedienen. Person C bezieht sich nur auf das/den Urteil/Kommentar von Person A und hat es nicht nötig, das Profil zu durchstöbern, ja nicht einmal den Namen des Erstkommentators zu berücksichtigen. Person C spricht immer für sich selbst und reflektiert sich selbst; Person B ist biegbar, nach der Mehrheitsmoral gerichtet und daher unselbstisch.

Das Internet bietet die Fülle an Übersichten, so sehen wir bspw. wie eine Masse über ein bestimmtes Thema denkt; hiernach kann verallgemeinert resümiert werden. An Vereinzelten kann man keine Allgemeinheit ausmachen; die Allgemeinheit muss übergreifend und wiederkehrend sein – doch das Urteil der Dummen kann nicht als kollektiv verstanden werden, da der Dumme immer nur seine eigene Dummheit reflektiert. Auf Facebook gibt es z. B. Reaktionsmöglichkeiten, die durch Emojis bestimmt sind: Lach-, Herz-, Umarmungs-, Wut- und Bewunderung-Emojis sind greifbar und entsprechend kann jeder seine Empfindungsart zu einem Thema nach Belieben ausdrücken. Emotionen sind Affekte und Anwandlungen, die virtuellen Empfindungsausdrücke hingegen sind erdacht und fälschlich. Hiernach kann man die Absicht einiger Menschen eindeutig erkennen: Sie reagieren mit Lach-Emojis, und das, nur um der Person zu schaden. Ich hatte einst eine Facebook-Seite, welche ich zum Werben meiner Bücher nutzte; die Seite hieß Antifeminismus: oder der deutsche Sittenfall; dass der Name der Seite kontrovers war, lassen wir gutmütig bei Seite – die Reaktionsart einiger Menschen ist aber entscheidend: Ich habe Unmengen an Kommentaren herausgelesen, die nur meine Person angegriffen haben. Obwohl ich viel Material zum Kritisieren dargeboten habe, haben es sich diese Personen allzu leichtgemacht. Besonders fiel mir eines auf: Diese Lach-Emojis wurden häufig angewendet. Und manchmal haben sie auf ausnahmslos alle meine Beiträge, die ich auf dieser Seite veröffentlicht hatte, mit diesen Lach-Emojis reagiert. Meine Leser sollen es sich bildlich vorstellen: Innerhalb einer Minute wurde von einer einzigen Person auf alle meine Beiträge reagiert! So frage ich: Hast du, Gehässige, der sachlichen Kritik Unfähige, dir innerhalb dieser einen einzigen Minute alle meine Beiträge durchgelesen? – Mit Sicherheit nicht. Sie verschonen keinen einzigen Beitrag, sie reagieren gezielt auf alle Beiträge, nur um der Person schaden zu können. Indolente und unbeholfene Menschen eben. Wieso konnten all diese Personen nicht sachlich antworten? – Wenn sie doch meine Urteile widerlegt hätten, so hätten sie mich zerstört; und genau das ist auch der Vorteil des Denkkräftigen, da er Systeme und Theorien zerlegen kann. Dies würde mir schaden und nicht, dass sie meine Person angreifen.

An diese geistlosen Alltagssprüche gewöhnt man sich mit der Zeit. Um diese Geistlosigkeit durch das Gegenteil klarzustellen, will ich ein prägnantes Beispiel aus meiner Jugendzeit, das mich umstimmte und beeinflusste teilen: Ich hatte mal einen Beitrag in den sozialen Netzwerken kommentiert, es ging um Haci Bektas Veli, einen Sufi Lehrmeister. Ich hatte einen kurzen Text mit falschen Informationen geschrieben, und nach einer kurzen Weile hat jemand auf meinen Kommentar reagiert: Dieser mir unbekannte Typ hat alle meine Irrtümer punktuell begradigt; ich weiß noch, wie er schrieb, dass Veli bereits im Jahre 1271 gestorben war und meine Zeitangaben um sein Wirken ein Irrtum seien. Ich habe diese und weitere Punkte der Begradigung augenblicklich nachgeschlagen – und siehe, er hatte vollkommen Recht. Ich kam mir dumm vor und war in Verlegenheit, denn dieser Typ hatte mich belehrt und berichtigt, ohne persönlich zu werden oder mich zu beleidigen. Abgleichend erkennt man daran, was ein Denker und ein Denkschwacher, ein Sachlicher und Unsachlicher ist. Wenn meine Fehlurteile nicht berichtigt worden wären, so hätten sie womöglich Einfluss auf Andere – Unwissende – nehmen und ich hätte mich nicht weiterentwickeln können; wer nichts weiß, muss glauben. Und was soll man zu jenen sagen, die ein Buch bewerten, ohne es jemals gelesen zu haben? – Mit mannigfachen Begriffen kann man solche abwerten... Wenn ein Buch nicht des Covers bedürfte, um das irreführende Vorurteil auszuschließen, so wäre die Würdigkeit eines jeden Werkes gegeben. Aber der Mensch bedarf der Leitfäden und Orientierung, und manch einer ist dermaßen charakterschwach, dass er der Rezensionen und fremder Beurteilungen bedarf, um Gewissheit und Anstoß über etwas zu erlangen, anstatt auf Eigenerfahrung zu setzen. Oft sah ich, dass meine Urteile mit „Dummheit" bewertet wurden, und das schon als erstes, ohne zu begründen.

Daraufhin habe ich auf das Urteil ohne Begründung aufmerksam gemacht und gefordert, dass meine Dummheit doch begründet werden solle – darauf kam nichts; denn wenn diese Personen zur Begründung befähigt wären, so hätten sie das kritische Zerlegen meiner Urteile bereits von selbst bewerkstelligt. Ich selbst habe auch schon oft Andere mit der Dummheit beurteilt, jedoch nicht, indem ich sie grundlos als solches bezeichnet habe, sondern ich habe das Urteil lediglich auf ihre Denkweise zurückgeführt. Darin ist Sinn enthalten. Bei uns Türken steht es mit der Kritikfähigkeit nicht wirklich im reinen, so machte ich die Erfahrungen, dass auf meine Kritiken stumpfe Beleidigungen folgten: Kein operatives Räsonnement, keine Berichtigung, keine Hinweisung – stumpfe Beleidigungen, die auf die Familie gerichtet sind, natürlich um der Person zu schaden; das sind die armseligsten Menschen. Sie können gegen den Kritikbezug nichts Vernünftiges entgegenbringen, so beleidigen sie, damit man die Kommentare löscht. Dummheit kennt keine Nationalität. Die Ursächlichkeit der Unsachlichkeit ist die Unfähigkeit zum rationalen Denken. Rationalität wird als Vernunftdenken verstanden, doch in Wirklichkeit heißt es, dass die Emotionalität extrahiert und unterdrückt wird. Wer mit dem Herzen urteilt statt des Hirns, wird niemals folgerichtig und vernunftwürdig urteilen können. Die ausgereifte Unsachlichkeit und Realitätsscheue in der heutigen Zeit finde ich hauptsächlich bei den Feministen, den Befürwortern der Normabweichungen und allen Anderen, die sich der Gleichschaltung des Ungleichen verschrieben haben. Mit Lügen und Blendwerken sind sie um die Umsetzung ihrer sonderbaren Ideale bemüht, doch die Realität und die Natürlichkeit sind nicht an Gebilde und die Menschenvernunft gebunden. Ich muss zugeben, dass es schwierig ist, sich selbst zu vergessen; die Disjunktion des Selbst und den abstrakten Reflexionen ist für die gewöhnlichen Geister nicht klar trennbar, da die kulturellen Gebilde als Eigenheit zur Selbstverständlichkeit, also ohne ein Bewusstsein darüber zu haben, gezählt wird und auch die Kulturgenossen einprägsam sind, da die Kritik der Eigenheit auch in den meisten Fällen zum Bruch im eigenen Kulturkreis führt – deshalb schwimmen die meisten mit dem Strom, damit sie in den Irrtümern nicht allein dastehen und mögliche Schäden, wie z. B. die Verlassenheit, nicht in Kauf nehmen müssen: Als Deutscher das Deutschtum kritisieren, als Türke das Türkentum kritisieren, als Gläubiger den Glauben kritisieren etc. – dies ist nicht leichtgemacht, denn die eigenen kulturellen Gebilde sind Teil der eigenen Persönlichkeit. In welche Ausrichtung sie tendieren, sei es religiös oder weltlich, spielt im Grunde keine wesentliche Rolle, da eben das Bewusstsein der Inhalte bedarf und die ideelle Gleichheitsnorm, wodurch Gemeinschaften gebildet werden, die Voraussetzung der Gesellschaft ist. Die Persönlichkeit muss mit den gemeinen Werten, die man verkörpert und zu eigen zählt, im wiedererkennbaren geselligen Bezug Einklang finden und in der wechselhaften Selbstdefinition von Interessen und Neigungen sich wieder als konstantes Subjekt einfinden und stabilisieren.

Jeder Wandel findet sich als Konstante wieder. Es besteht die Gefahr, dass die Uneinigkeit bzw. das Hinterfragen der eigenen Ideale auch die Selbstverzweiflung- und Marterung mit sich bringt; deshalb kommen viele Menschen von ihren Weltbildern nicht ab, da sie ihre Weltbilder mit dem Selbst gleichsetzen – der Irrtum in den Eigenansichten ist der Mangel am Selbstideal, also an der eigenen Persönlichkeit. Deshalb fällt es den Menschen auch schwer, die eigenen Fehler einzusehen, da die Fehler nicht vor einem selbst zur Rechenschaft gezogen werden, sondern vor Anderen – und die Eitelkeit ist hierin hinderlich.

Nachwort

Was ist der Sinn und Zweck dieser Abhandlung? – Etwa die Belehrung, das Umerziehen oder die Besserung des Individuums und der Gesellschaft? All das ist vergeblich. Die Menschen sind unbelehrbar. Die Emotionen sind Affekte; und wenn sich die Emotionen auf das Denken einwirken, so wird eben die Denkart beeinflusst – so resultieren unbedachte Entäußerungen. Doch vielleicht ist dem Ein oder Anderen das Aufzeigen dieser Divergenz nützlich und kann hiernach künftig angewandelt seinen Verstand benutzen, anstelle seiner wirkenden Schadensfreude und niederen Absichten; so kann er sich Achtung verschaffen und lernen, erbaulich und vorbildlich zu dienen, so wie es der Vernunft gebührt. Das Gegengift muss man kennen und auch einnehmen wollen. Unsachlichkeit wird niemals Früchte hervorbringen, sondern zu mehr Polarisierung führen. Viele Faktoren billigen aber die Beharrlichkeit dieser Zustände, etwa wie die der Meinungsfreiheit, die nur ein Trugbild ist; denn sie suggeriert, dass jede Meinung von Wichtigkeit und mit aller anderen Meinung äquivalent sei, doch dies ist nur eine formelle Setzung, ohne innere Qualität. Zu sagen: „Ja, aber das ist nur deine Meinung", ist enervierend, selbsterhebend und negiert die Qualitätsbestimmung. Als dümmlich darf man niemanden mehr bezeichnen, denn dies sei diskriminierend, doch die Existenz der Dummheit, die immer nur Andere – Tüchtigere – belastet, ist mit dem Verbieten der Bezeichnung als solches nicht aufgehoben (Verbote vernichten nicht, sie unterdrücken); demnach hat jeder Kleingeist freies Geleit und kann seine unterentwickelte Art beibehalten und verbreiten, soweit, dass die Methoden affizierend wirken und dieselbe Art und Weise der verbalen Auseinandersetzung zur Regel wird. Wissen ist Macht, sagen sie, doch ich sage, dass Wissen mehr Last als Macht ist. Jeder fordert Intelligenz, mit ihr konfrontiert sein will aber niemand; denn sie würde einen selbst überfordern und die Mängelunterschiede zum Selbst aufzeigen. Intelligenzgültigkeit- und Forderung nur unter der Bedingung, dass sie als Begleiter dient, nicht aber angewendet wird, erst recht nicht bei einem selbst, sonst ist man gleich der „Besserwisser" oder „Arrogante". Aber der sogenannte Zeitgeist ist wahnbegierig um die Nivellierung bemüht; und wenn selbst Randgruppen, die sich noch bis vor wenigen Jahrzehnten nicht einmal ans Tageslicht trauen konnten, erhoben werden, wie sollte man da die Dummen ausschließen? Ich warte auf den Tag, an dem man sagt „Die Dummheit ist nicht zeitgemäß". Die Hervorragenden und Starken sind immer das Ziel der Nivellierungsdiener – und Rationalisten sind wertiger. Die Mindergeistigen werden sich ihrer Potenzialgenossen gewahr, sie alle haben es auf die Denkfähigen abgesehen – auch diese müssen herabgesetzt werden, damit ja keiner benachteiligt wird. Selbst Kleinkinder sind zu willkürlichen Urteilen befähigt; einem Erwachsenen geziemt es nicht, kindisch zu sein. Und auch nach der Präsentation dieses Werkes werde ich weiterhin mit dieser indolenten Art der Unsachlichkeit konfrontiert sein – und das ist das Schlimme und Untröstliche.